Coleção Abelha: Mel & Ferrão

O leitor de *A Divina Comédia* conhecia muitos dos personagens de Dante Alighieri. Alguns deles eram, inclusive, parentes ou amigos dos leitores. O autor vivia refugiado numa outra cidade por ser detestado pelos mandantes epocais da sua Florença natal.

Os leitores de Camões, Cervantes e Shakespeare, alguns séculos depois, fizeram e fazem algo semelhante. Os leitores de Machado de Assis e de outros tantos autores brasileiros não conheceram seus personagens, mas a alguns deles, que nunca existiram, conhecem muito bem: Capitu, Diadorim, Paulo Honório e até uma cachorrinha chamada Baleia não lhes são estranhos.

Quem são os autores brasileiros contemporâneos? Que livros escreveram, o que dizem suas obras, qual é seu estilo, qual seu modo de contar o que nos contam? E por que nos contam o que nos contam, requerendo nossa atenção?

A coleção **Abelha: Mel & Ferrão** foi inspirada no provérbio que ensina ser este inseto muito didático, pois nos dá o mel, mas também ferroadas, sobretudo como defesa. Autores trazem comoventes doçuras, mas fazem críticas doloridas. Os leitores precisam conhecer, para benefícios mútuos, tanto o mel quanto a ferroada. Os brasileiros já leram muito outrora e voltaram a ler de novo. Mas estão lendo o quê? Seus autores escreveram sobre o quê e como? Vale a pena ler seus livros para saber.

O Grupo Editorial Almedina lança esta coleção de autores e de obras de qualidade. Há boas opções de leitura para todos os gostos nesse novo tempo.

Temas e problemas que são nossos velhos conhecidos, tão antigos quanto a condição humana, reaparecem de um modo que os leitores jamais viram.

É só escolher autores e livros de sua preferência e recomeçar. Ou começar, se for o caso.

Deonísio da Silva e Marco Pace
Editores da Coleção

O Último Dia de Cabeza de Vaca

ABELHA:
COLEÇÃO
MEL & FERRÃO

Fábio Campana

O Último Dia de Cabeza de Vaca

O ÚLTIMO DIA DE CABEZA DE VACA

AUTOR: Fábio Campana

DIRETOR DA ALMEDINA BRASIL: Rodrigo Mentz
EDITORES DA COLEÇÃO ABELHA: MEL & FERRÃO: Deonísio da Silva e Marco Pace
ASSISTENTES EDITORIAIS: Isabela Leite e Larissa Nogueira

REVISÃO: Alex Fernandes e Oficina das Palavras
DIAGRAMAÇÃO: Almedina
DESIGN DE CAPA: Roberta Bassanetto

IMAGEM DE CAPA: Ilustração antiga – Alva Nunez Cabeza De Vaca cruzando o grande deserto americano

ISBN: 9786587017426
Dezembro, 2021

Dados Internacionais de Catalogação na Publicação (CIP)
(Câmara Brasileira do Livro, SP, Brasil)

Campana, Fábio
O último dia de Cabeza de Vaca / Fábio Campana. --
1. ed. -- São Paulo : Minotauro, 2021.

ISBN 978-65-87017-42-6

1. América Latina - História 2. Biografia
3. Nunez Cabeza de Vaca, Alvar - Século 16
I. Título.

21-84106 CDD-980

Índices para catálogo sistemático:
1. América Latina : História 980
Aline Graziele Benitez – Bibliotecária – CRB-1/3129

Este livro segue as regras do novo Acordo Ortográfico da Língua Portuguesa (1990).

EDITORA: Almedina Brasil
Rua José Maria Lisboa, 860, Conj.131 e 132, Jardim Paulista | 01423-001 São Paulo | Brasil
editora@almedina.com.br
www.almedina.com.br

Há muitas versões sobre a morte de Don Álvar Núñez Cabeza de Vaca. Os historiadores divergem, com assombrosa convicção, sobre data, lugar e circunstância.

Nenhum deles considerou o diário de Francisco Paniagua sobre os últimos dias do mais interessante dos personagens da conquista da América.

A maioria dos historiadores não gosta de trajetórias que põem em dúvida os mitos da conquista. Também não apreciam confissões pessoais como esta que mistura personagens e fatos de épocas distintas sem obedecer ao fio ilusório da cronologia.

Alguns dizem que Cabeza de Vaca morreu no exílio, em Orã, na Argélia. Outros garantem que se tornou prior de um convento de Sevilha e ali faleceu.

O inca Garcilaso de La Vega jura, baseado em papéis que a ninguém mostra, que a sua morte ocorreu em Valladolid. O historiador Ruy Díaz de Guzmán garante que Don Álvar retornou do exílio, foi reabilitado e nomeado presidente do Conselho das Índias. Ao morrer, teria recebido um funeral digno de pessoas gradas da Espanha.

A data é outro motivo de discórdia entre os historiadores. Há os que sustentam que ele morreu em 1557. Juntam provas. Indícios. E são contestados pelos que defendem que Don Álvar morreu em 1559.

E há os que preferem acreditar numa vida mais longa para o Adelantado. Para estes, Cabeza de Vaca viveu até 1564, quando alcançou os 72 anos.

A história oficial de Don Álvar sempre poderá se louvar em dois livros. Naufrágios, escrito por ele, que relata os acontecimentos na América do Norte e que o tornaram um homem de fama na Espanha.

O outro, Comentários, escrito por Pedro Hernandez, ditado por Cabeza de Vaca. Conta a experiência ao sul, na América Meridional. Foi impresso e publicado em Sevilha em 1555.

Mas nenhum dos dois tem a riqueza das observações pessoais, emotivas, dos escritos do presbítero Francisco Paniagua, que muito ajudaria a pôr fim nas imprecisões e nos debates. No entanto, nenhum dos biógrafos o leva em consideração. Talvez porque os historiadores prefiram os documentos oficiais.

Antes que os historiadores, enfim, descubram e interpretem cada um à sua maneira, publicamos o texto de Paniagua, que não dissolve as dúvidas sobre o nascimento de Cabeza de Vaca, mas é revelador de seus tormentos nos últimos dias de existência.

O diário não tem as características dos relatos oficiais da época. Não é crônica de viagem ou de aventura. É um amargurado questionamento sobre as injustiças sofridas por Don Álvar. Paniagua reencontrou-o, em 1559, num convento dos arredores de Sevilha, onde o Adelantado morreu. Cabeza de Vaca não era prior. Era apenas um homem em seu exílio, condenado à insignificância e sem o direito de voltar à América para defender-se e reconquistar o respeito que merecia.

Don Álvar Núñez Cabeza de Vaca foi personagem de equívocos e desencontros desde o ano de 1527, quando perdeu-se no hemisfério norte e tornou-se prisioneiro dos índios durante três longos anos.

Libertou-se porque tinha conhecimentos de medicina e tornou-se curandeiro dos índios. Caminhou nove mil quilômetros, de aldeia em aldeia, com a esperança de encontrar a fonte da juventude, um dos mitos mais cultivados pelos europeus que vinham ao Novo Mundo.

Não encontrou fonte, não encontrou prata, não encontrou ouro. Viu muita miséria ao passar pelas aldeias dos nativos até chegar ao México e restabelecer contato com o mundo hispânico, no Império de Hernán Cortéz, de onde retornou à Espanha. A aventura não lhe bastou. Voltou ao Novo Mundo, desta vez ao sul, para assumir como Adelantado de Espanha a Província do Prata. Mais uma vez, frustrou-se. Voltou à pátria como prisioneiro. Julgado, condenado, foi esquecido em um convento, proibido de sair, de falar e de voltar à América.

Este é o atormentado relato pessoal do religioso que acompanhou Cabeza de Vaca em seus últimos dias. São revelações carregadas de culpa e do sentimento de impotência para impedir as injustiças cometidas contra o Adelantado.

Os escritos do diário do padre Francisco Paniagua não tinham ordem. Verdadeira miscelânea. Fragmentos de memórias que se confundem com as de Don Álvar Núñez Cabeza de Vaca, de quem foi confessor e a quem dedicou lealdade desde que o encontrou em Assunção, no ano de 1542, até os últimos dias do Adelantado, quando o reencontrou na Espanha.

Os escritos de Paniagua foram encontrados no final do século XIX em uma coleção de documentos do Convento Menor que existiu nos arredores de Sanlúcar de Barrameda. Uma cópia foi remetida a Assunção, para constar do arquivo público da cidade. Em 1953 foi feita uma pequena edição do texto de Paniagua.

Restaram seis exemplares dessa única edição. Um deles recebi das mãos de meu avô, Diego Vera, que o recebera de seu sogro, meu bisavô, Vicente Ferreira. Graças a essa edição providencial, foram salvas as memórias de Francisco Paniagua.

A tradução para o português desta edição foi feita com dificuldade. A edição paraguaia manteve a grafia e a linguagem do texto original, em espanhol quinhentista.

Paniagua estava em Assunção quando Domingo de Irala assumiu o comando na ausência de Juan de Ayolas. Foi testemunha do que mais tarde acostumou-se a chamar de reino de Mahoma, tal a promiscuidade que se instalou na povoação entre espanhóis e índias. Alguns chegaram a ter mais de oitenta índias sob a sua guarda, em verdadeiros haréns.

Paniagua confessa que quase enlouqueceu ao resistir à luxúria. Fez da autoflagelação e das orações exercícios diários para resistir ao pecado. Sua vida só mudou com a chegada de Don Álvar Núñez Cabeza de Vaca.

Cabeza de Vaca voltava à Espanha de sua frustrada aventura em busca da fonte da juventude, onde hoje é a Flórida. Na ilha Terceira, antes de chegar a Cádiz, encontrou um marinheiro da expedição de Don Pedro de Mendoza que lhe contou sobre os acontecidos no sul e sobre a notícia de um império riquíssimo pelas suas minas de prata.

Ao chegar à Espanha, Cabeza de Vaca pediu à rainha o posto de Adelantado no rio da Prata, assim denominado porque se acreditava que por ali seria possível chegar ao império descrito pelos índios da região. Seria atendido com uma única condição: só poderia assumir o posto se estivesse confirmada a morte de Juan de Ayolas.

Cabeza de Vaca organizou a expedição e veio ao sul. A caminho de Buenos Aires aportou na ilha de Santa Catarina. Soube, pelos índios carijós, que Buenos Aires fora destruída pelos índios querandís. Decidiu, então, seguir por terra, pelo caminho do Peabiru, como o chamavam os nativos. Subiu a Serra do Mar e alcançou o primeiro planalto do Paraná.

Atravessou o território, que hoje é o estado do Paraná, e deu-lhe a primeira alcunha europeia ao tomar posse em nome da Coroa Espanhola: Província de Vera. Alcançou a foz do rio Iguaçu. Foi o primeiro europeu a ver as cataratas e a escrever suas impressões. Transpôs o rio Paraná e avançou até encontrar Assunção, onde a sua vida e a do presbítero Francisco Paniagua se ligariam para sempre.

Paniagua foi o seu confessor, seu secretário, o escrivão de suas memórias e quem mais sofreu com a condenação de Cabeza de Vaca. Escreveu uma carta ao rei e ao Conselho das Índias em que descreve os desatinos da vida dos espanhóis no Paraguai.

Deixou em suas anotações a memória atormentada dos últimos dias de Don Álvar Núñez Cabeza de Vaca. Experiência tão abrumadora e estranha como aquela inventada mais de um século depois por Calderón, na tragédia A vida é um sonho. Como o príncipe Segismundo em seu cárcere barroco, Don Álvar descobriu no Novo Mundo as profundidades da indigência e da bestialidade.

Igual ao príncipe, Don Álvar Núñez Cabeza de Vaca aprendeu a regressar daqueles abismos.

OS MANDARINS E OS PÁRIAS

Que posso eu, Francisco Paniagua, para mudar a sorte de Don Álvar Núñez Cabeza de Vaca?

Que mais pode quem nada tem de seu, nem mesmo as convicções intocadas?

Não é sem razão que trago em meu nome a expressão da minha desimportância, de minha impotência, de meu desatino diante da grandeza sem limites dos poderes do Reino.

Veja. Deste lugar, estende-se diante de nós o mundo, o vasto mundo dos grandes, pequenos e medianos. Universo dos reis, dos ministros e dos carcereiros. Dos mandarins e dos párias. Dos libertadores e dos libertos. Dos sábios e dos estúpidos. O mundo dos juízes, das testemunhas e dos condenados.

Ali, nos labirintos de Sevilha, nos bastidores sombrios da Espanha, o que ficou estabelecido pela vontade do Império jamais terá revisão. Este é o universo de leis imutáveis, como a dos corpos celestes. Planetas, estrelas e satélites errantes domesticados pela gravidade. Assim é o poder, seus vários círculos e ao centro o soberano, a personificação do Império. Em torno dele gravitam os demais, em trajetórias próprias, mas dele dependem todos, até o mais mísero dos mortais.

Sim, eu sei, poderia me exilar em uma ideia, um costume, uma obstinação. Ou me estender sobre os lamentos de uma dor qualquer e aguardar, sem fazer muito ruído, que o sono e o tempo pudessem apagar o sofrimento e a indignação.

O esquecimento, dizem os sábios e aconselham os párocos, é um dos segredos da felicidade. Mas, ao fechar os olhos, para ludibriar a mente e apaziguar os conflitos que sobem de minha fragilidade, o Adelantado retorna e em seus olhos há o brilho da indagação. É a minha consciência em culpa, visitando-me na insônia e no pesadelo, com a máscara de Don Álvar Núñez Cabeza de Vaca, exigindo que eu persevere.

Um sorriso amargurado na boca, o velho repete a mesma pergunta, que eu recebo como se fosse uma convocação.

— Quando terei justiça?

Não fosse um ardil da minha imaginação e aqui ele estivesse, na inteira realidade de sua figura vergastada pelo tempo e pela infâmia, ainda assim eu não teria a coragem de lhe dizer a verdade. Não poderia furtar o pouco que lhe resta de esperança, repetindo a sentença inapelável, que o fez prisioneiro do Império e de si mesmo.

Don Álvar Núñez Cabeza de Vaca. El Tormentoso. Permanecerá asilado no convento e acredito que deva agradecer aos céus ter escapado à morte. Mas escapar à condenação máxima não é suficiente para o Adelantado.

Sei eu, mas não sabem os nobres e os juízes, que não é o temor da morte, mas o desejo de voltar ao Novo Mundo para apagar a imagem do insucesso e da má sorte, que o anima.

A morte, Don Álvar conhece muito bem. Talvez tenha sido ela a companheira mais íntima e constante desde a primeira desgraça, o naufrágio da expedição de Narváez.

NUDEZ BRANCA E PELUDA

Nu. Vomitado pelo mar à praia, em nudez absoluta, a vida de Don Álvar Núñez Cabeza de Vaca se transformou em tragédia de enganos e constrangedora inversão de papéis desde que pisou, pela primeira vez, em terras do Novo Mundo.

Ao contrário de Colombo, que se assombrou ao ver os índios do Caribe despidos, Don Álvar naufragou nas costas do golfo do México e chegou à praia sem uma peça de roupa sobre o corpo. A sua nudez branca e peluda assombrou os índios, como eles mesmos lhe diriam quando conseguiu decifrar-lhes a língua.

O descobridor se tornou a descoberta. Viu-se exposto à curiosidade. Homens, mulheres e crianças o admiravam com a mesma perplexidade com que nos deteríamos, hoje, diante de um fenômeno zoológico.

A figura magra e sem cor, de desprezível palidez de enfermo, não condizia com a de fidalgo de Espanha, da estirpe mais nobre de Jerez de la Frontera, que saíra de Sanlúcar de Barrameda com a esperança de se fartar em fortuna e glória na descoberta de um império que, esperava, fosse mais rico que o do México.

Cabeza de Vaca cruzara o oceano suportando com dignidade os extravios e as tempestades. Escapou às doenças.

Ludibriou o escorbuto e a cólera que derrubaram dezenas de homens e que os levaram prostrados aos porões. Dali vinham os corpos que eram atirados aos peixes sem mesmo passar pela extrema-unção.

Suportou a colheita da morte e agora se via reduzido à condição de prisioneiro. Tantos sacrifícios, para terminar uma mão na frente, outra atrás, escondendo as vergonhas e o desalento.

Extenuado, aturdido pelo naufrágio, por pouco Don Álvar não morrera no esforço para chegar à terra agarrado aos destroços, em meio a uma tormenta de ventos que erguiam ondas invencíveis.

Tremendo de frio e medo, Don Álvar se viu rodeado de índios. Era motivo de discussão em alta voz, algaravia incompreensível de sons guturais, com muitos dedos apontados para seu rosto. Imaginou que discutissem o seu fim.

Então, um deles, com ares de chefe pelos gestos e pelas plumas que ostentava acima da cara grande e redonda, de olhos rasgados sob a fronte alta, lábios finos e nariz achatado, abriu caminho entre os índios, agora calados, e se postou diante de sua nudez.

Mirou-o fixamente. Depois correu os olhos e, como se investigasse um animal estranho, vistoriou o seu corpo. Com um longo bastão, obrigou Don Álvar a afastar as mãos e examinou o seu pênis. Voltou-se para a turba, apontou-o, e disse algumas palavras ininteligíveis.

Todos voltaram a falar. As mulheres riram e os homens se alvoroçaram. Pareciam mais calmos depois da observação do cacique Antinai, cuja identidade logo descobriu, e que viria a ser o seu protetor.

Dois índios se aproximaram e o cobriram com um longo manto de peles que exalava odor de urina, aceito por Don Álvar porque lhe cobriria e aqueceria o corpo naquele fim de tarde gélido e de nuvens carregadas, o que lhe pareceu um gesto de amizade e proteção que o confortou.

Naquele momento, Cabeza de Vaca não imaginava que o desastre da expedição de Pánfilo de Narváez à Flórida, da qual era aguazil e tesoureiro, seria apenas o primeiro capítulo da longa sucessão de infortúnios que culminou com a sua condenação à masmorra muitos anos mais tarde, por razões de conflito e vindita ao sul do continente, em sua passagem pela América meridional.

Não lhe faltou coragem. Nem inteligência. Faltou-lhe, talvez, sorte. O que mais se poderia dizer de suas aventuras ao norte e ao sul do Novo Mundo, marcadas por incidentes e desencontros que dele fizeram um personagem muitas vezes patético em seu anacronismo?

Don Álvar era um homem fora de sua época. Defensor de ideias e princípios inaceitáveis na Espanha de Carlos V e nas expedições que saíam em busca de ouro e prata do outro lado do oceano. Brigou por essas ideias e pagou caro por elas.

Na vida de Don Álvar Núñez Cabeza de Vaca nada aconteceu da maneira que se poderia esperar de um herói de seu tempo, um conquistador do Novo Mundo. Cumpriu anos de masmorra esperando a sentença final antes de ser recolhido ao asilo, neste convento onde o reencontrei.

O CORAÇÃO DOS ALGOZES

Que posso fazer? Pergunto-me em minhas tentativas de descobrir um caminho novo que sensibilize o coração dos algozes. Mas estou diante do estabelecido e julgado e, na Espanha, isso significa estar diante do imutável.

Por que esconder? Na sentença há mais que o exame dos fatos. Há a vontade do soberano, a cupidez dos grandes comerciantes e a conveniência da Companhia das Índias. Que força maior pode existir se eles são o Império?

Nestes dias, penso que devo me resignar e olvidar as circunstâncias que me foram envolvendo na história de Don Álvar e me afastando da confiança em Deus neste capítulo da sordidez humana. Mas não posso esquecer que ele foi traído. Enaltecido e agora humilhado. Regressado à Espanha como criminoso. Durante a viagem lhe deram pequenas doses de arsênico para enfraquecê-lo. Viajou agrilhoado nas pernas, o tratamento reservado apenas para os mais vis.

Sem culpas, sem provas, sem direito à defesa, condenado em sessão secreta. Don Álvar Núñez Cabeza de Vaca, ameaçado de exílio em Oram, por pouco não foi sentenciado à morte, tamanha a pressão de seus inimigos. Agora está asilado neste mosteiro, despojado de dignidade.

Em sua pequena cela, impedido de falar, declarado extinto e sepultado para o Conselho da Companhia das Índias, ele espera uma revisão do processo que não virá. Seus inimigos não lhe darão outra oportunidade. Em Assunção, vi de muito perto o verme da vaidade e da concupiscência instalado na alma dos mortais, corroendo-lhes a razão.

Vamos, diga-me. Devo continuar a peregrinação sem fim e sem nexo pelos corredores dos palácios e dos tribunais? Conheço as antessalas, os memoriais, as intrigas, as gestões ante o porteiro, o oficial de dia, o secretário adjunto, o substituto e o substituto do substituto.

Cheguei a vislumbrar de longe o conselheiro mais influente e lhe enviei uma carta com os documentos, as provas e as relações dos feitos, para lhe mostrar que um homem da altura e da coragem de Don Álvar gasta a vida cumprindo pena implacável, no mosteiro principal de Sevilha.

Jamais tive resposta. Nem posso afirmar que tudo tenha chegado às suas mãos ou que ele se dignou a examinar tantos papéis para reabrir um caso contra a vontade de seus pares. Sou impotente para ultrapassar esta muralha de silêncio, o silêncio que diz sem dizer, que se cobre de signos. Diante dela não são nada os gritos dos homens. Que fazer para ao menos aliviar o padecimento de Don Álvar?

A sentença irrecorrível, firmada pela unanimidade dos membros, assentou os interesses do Reino e os de seu braço estendido no coração do Novo Mundo. Obedeceu à vontade secreta dos soberanos, que mais necessitam de aventureiros truculentos em busca de fortunas, que dos fiscais da moral cristã.

Os argumentos da verdade, extraídos dos acontecimentos, nada valem diante das razões de Estado. Mas podem valer para quem as conheça, não apenas para salvar a honra e o resto de vida deste fidalgo sem títulos e sem liberdade, mas para saber de que ignomínia é construído o mundo, este mundo que podemos apreciar daqui, deste ponto de onde se desenham os palácios, os tribunais, os cárceres, as igrejas e toda a miséria circundante que produzem.

Eu não me prendo aos relatos oficiais porque sei que eles não expressam a verdade como a ouvi da boca de Don Álvar, nas noites lentas e insones de Assunção, antes e depois de sua derrota. Uma galeria de sombras. Sei a diferença entre as versões que foram enviadas à Corte para sensibilizar seus membros mais destacados, procurando a proteção da justiça torta.

Tudo o que consta são meias verdades, mentiras inteiras, material ruinoso ao qual os historiadores se apegam para construir suas versões, como se fosse possível reduzir a vida à sua soberba de interpretação.

A vida, quando foi verdadeiramente nossa?, perguntava Don Álvar. Quando somos e o que somos? Bem pensado. Não somos, nunca somos, nunca a vida é nossa, é dos outros, todos somos a vida dos outros que somos todos. Por isso devemos nos buscar nos outros para entender o que somos. Nem o rei é alguém quando só, apenas vertigem e vazio.

Foram ideias estranhas como essas que ajudaram a afundar Don Álvar. Agora que tudo se encaminha para o final, a enfermidade se agrava e ele definha no cárcere que não é prisão onde deve permanecer até o fim de seus dias, por isso mesmo um cárcere ainda mais angustiante para o espírito.

Eu ficarei com as suas lembranças, com os seus relatos mais fiéis, aqueles que arrancou da memória atormentada nas jornadas de dúvidas em que fui seu confessor e, por tê-lo sido, não posso traí-lo abandonando-o às armadilhas de seus próprios textos; o primeiro, escrito por ele, acreditando que colheria glórias dos relatos de suas desventuras no Norte, o segundo, ditado a mim, que registrei com os cuidados da preparação de sua defesa diante do Conselho das Índias.

O DESASTRE DE NARVÁEZ

No desastre de Narváez naufragou mais um sonho espanhol de conquista. Os homens, que se largaram da foz do Guadalquivir em 17 de junho de 1527, sonhavam tanta prata e tanto ouro que acreditavam que logo voltariam com os porões abarrotados, como prometia o capitão.

Don Álvar me contou que, até então, o desastrado Narváez não encontrara fortuna em suas viagens. Frustrado, era conhecido pela truculência contra a marinhagem e contra os índios. Fama reforçada pelas histórias do pouco tempo em que estivera em Cuba, onde aprisionou, torturou e matou em sanha que enfureceu outros capitães.

A tempestade do dia 17 parecia punição divina. Quebraram-se os mastros, os cascos não suportaram o embate das águas que saltaram acima do convés de proa, tragaram os homens e encheram os porões, afogando os cavalos pendurados em cintas que, em desespero, escoiceavam o ar.

A fúria das águas abriu rombos irreparáveis, afundando, uma por uma, as naves que, dizia-se na Espanha, eram as mais sólidas de todas as que já tinham sido construídas, com madeira escolhida dos lenhos do norte de Estremadura, para evitar o acontecido com a frota de Fernão de Magalhães.

Dos seiscentos homens que pretendiam explorar a Flórida e o norte de Las Palmas, restaram apenas quatro depois do naufrágio: Don Álvar, o mouro Esteban, Andrés Dorantes e Alonso del Castillo.

O mar não lhes dera trégua desde que ultrapassaram as Canárias, e nas costas do México se enfureceu ainda mais, mexido pelo vento, empurrando os barcos para o fundo do golfo, em ondas tão altas que nem as lendas mais fantasiosas dos marinheiros conseguiriam narrar.

O dia do naufrágio no fundo do golfo não terminaria tão cedo. Depois do tormento no mar, foi descoberto em terra por índios. Don Álvar foi levado à aldeia e submetido a ritos apavorantes. Os índios acenderam fogueiras e dançaram e gritaram como demônios até a noite alta.

O frio enregelava os pés descobertos de Don Álvar. Ele chegou a pensar que preparavam o seu sacrifício e só descansou quando a festa terminou e todos se recolheram às suas tendas. Foi então encerrado em uma gaiola de varas amarradas com tiras de couro, atado pelos tornozelos e preso a um tronco.

Esta seria sua habitação por muitos meses. Alimentado pelas velhas da aldeia, que o tratavam como aos cães. Só o tiravam da gaiola uma vez ao dia. Então o obrigavam a andar de quatro até a beira do rio, onde podia defecar e lavar-se. Às vezes o provocavam para fazê-lo se mover. Percebeu que isso as divertia muito e passou a fazer graças. Dava voltas sobre si mesmo, saltava e corria. As velhas chamavam os homens e as crianças para vê-lo.

Aos poucos, Don Álvar conquistou a confiança dos índios e aprendeu sua língua. Compreendia que se salvara da morte, mas submergira no limbo de uma civilização isolada sem qualquer possibilidade próxima de se libertar. A pele encardida, coberta por crosta de imundície, os pelos crescidos e desgrenhados, ainda nu sob a pelagem fétida que lhe deram de abrigo, quem o visse imaginaria um branco ensandecido, até porque muitas vezes esteve às portas da loucura.

De que valeu tanto padecimento e humilhação? E se tudo tivesse ocorrido como o previsto, de que valeria à Espanha subordinar aquela gente tão rude e pobre, desprovida de tudo? Gente que acreditava que o mundo tinha sido criado no momento de um relâmpago, por um Deus habitante de todas as coisas, homem, animal ou planta ou pedra ou água, capaz de produzir ou impedir cataclismos, senhor da vida e da morte, exigente de sacrifícios para prover boa caça, e que se comunicava nos sonhos ou nos delírios dos homens para lhes dar a previsão do bom e do ruim.

Don Álvar me contou que se sentia exilado naquele mundo desertado pelo seu Deus. E chegou a suspeitar que os índios fossem de outra espécie. Próxima e semelhante, mas não idêntica aos homens.

Lera os textos dos sábios de Salamanca. Outra espécie que não a humana, dizia Gonzalo Fernández de Oviedo, em seu livro "*O gato mais singular*", ao descrever a inferioridade natural dos índios. Apoiado por Juan de Sepúlveda, que argumentava que o Novo Mundo era pródigo em espécies desconhecidas e capazes de maravilhar para confundir os cristãos.

Exemplo disso era o gato monilho de Oviedo. Bicho novo e nunca visto, tinha uma parte de ave e cantava como a cotovia ou a calandria, de maneira tão maviosa e com muitas variações.

Nada surpreendente se lembrarmos da existência dos grifos, metade águia e metade leão, de que faz referência a Sagrada Escritura, no Levítico. Animal que vivia nas montanhas hiperbóreas e fazia muitos danos aos homens e aos cavalos.

E que dizer dos seres descritos pelos viajantes que exploravam os confins do planeta? Acéfalos, disformes, que guardavam longínqua parecença com os humanos. Mas não os eram. Apenas criaturas distintas criadas por Deus em quadrantes distantes da Terra, pensava Don Álvar em seu cativeiro.

Sim, era possível que fosse prisioneiro de outra criatura, muito assemelhada aos humanos, tanto que em nada se faltava quando as mulheres se enfiavam sob o abrigo e saciavam seus desejos mais baixos e com uma naturalidade desprovida de pudor e de pecado, sem ao menos se inibirem com a vista alheia, que, também, da parte dos índios, não assombrava.

Don Álvar compreendeu que os índios eram tão humanos quanto nós e nem tão diferentes em suas qualidades e defeitos. Tinham as mesmas qualidades e os mesmos defeitos. As mesmas virtudes e os mesmos vícios. Vaidade, sede de glória e poder, concupiscência.

Notou que os índios não tinham as debilidades de nossa rapacidade europeia. Aos poucos, aproximou-se do cacique Antinai. Descobriu um soberano capaz de atos exemplares quando praticava a justiça, a ponto de condenar um de seus filhos a reparar os males que cometera contra outro membro da tribo. Ao mesmo tempo, capaz de espancar sem compaixão a mulher. Ou determinar o sacrifício imediato de uma filha recém-nascida, porque esperava um varão.

Assim era Antinai, um chefe que cometia seus desatinos. Mas que dizer do rei da Espanha, homem extremamente mais poderoso, construtor de um Império que dominava a maior parte do mundo? Carlos V, neto dos reis católicos Fernando de Aragón e Isabel de Castela. Filho da rainha Joana, que perdeu a razão, obcecada pela infidelidade do marido, Filipe, o Belo.

Ao morrer Filipe, depois de um vigoroso jogo de pelota que lhe aqueceu o corpo, após o qual bebeu um copo de água muito fria, a rainha Joana se recusou a lhe dar sepultura. Durante muito tempo carregou o cadáver do marido de mosteiro em mosteiro, evitando os conventos, temerosa de que o príncipe, ainda que morto, pudesse seduzir as monjas.

Persuadida a entregar o cadáver, Joana, a Louca, foi encerrada no Castelo de Tordesilhas. Seu filho, Carlos I, foi levado ao trono da Espanha. Primeiro sob a tutela do cardeal Cisneros, aos 16 anos, como imperador absoluto e, logo depois, como Carlos V, um dos soberanos mais poderosos de todos os tempos.

Don Álvar dizia que não encontrara entre os nativos do Novo Mundo desregramento como o de Joana, a Louca. Muito menos entre os chefes. Nem viu os sinais hereditários que deixaram marcas no caráter e também no aspecto do rei espanhol. Carlos V mostrava ao mundo o estigma da dinastia dos Habsburgos. Tinha uma queixada singular. Prognatismo tão pronunciado que lhe era impossível mastigar normalmente ou fechar a boca.

O rei tentava esconder o defeito atrás da barba e das pompas. Vestiu uma impressionante armadura, montou em seu cavalo e se fez retratar em pose equestre pelo pintor italiano Ticiano. Seu poder não tinha limites. Onde punha os olhos no mapa, admirava uma possessão. Ao norte, a Alemanha e os Países Baixos; ao leste, Nápoles, Sicília e Sardenha; ao sul, todos os domínios africanos; ao oeste, as Américas; e, ainda além, depois do dramático descobrimento de Vasco Núñez de Balboa, o Pacífico até as Filipinas.

Tanto poder e domínios não compensavam a mágoa pelo aspecto que o inibia na conquista das mulheres, que lhe admiravam a força e o poder, mas deploravam a feiura irreparável, o defeito que lhe impedia o prazer do beijo e lhe dificultava a higiene, empestando-lhe o hálito.

AMÉRICA, QUANTO ENGANO

Naqueles dias que passou entre os índios, sem outro contato com brancos que não fossem os companheiros, andando de aldeia em aldeia, alimentando-se de raízes, nozes e vermes, Don Álvar pensou no destino da Espanha, que significava o seu próprio, como fidalgo que pretendia se inscrever na história da construção do Império.

América, quanto engano. Onde o paraíso dos trópicos, a floresta luxuriante, os animais estranhos e os nativos gentis? Nada se parece com os relatos que circulavam em Sevilha e Cádiz, desde que foram publicadas as cartas de Colombo, as relações de Cortéz e o libreto de Antonio Pigafetta, que voltou a ler durante a travessia, separando-se dos homens que, com impaciência e dores, as gengivas inchadas, cuspindo os dentes amolecidos pelo escorbuto, praguejavam de arrependimento, entre um vômito de sangue e outro, até morrerem, lívidos primeiro, esverdeados ao final, atirados ao mar por ordem de Narvaez para o repasto dos peixes.

O que levou estes homens ao Novo Mundo? Os conquistadores sofriam não só da fome do ouro, a febre do Peru, como agora a chamam, mas pelas fantasias e a imaginação. Se convencem facilmente de ver baleias com tetas femininas, tubarões com pênis duplo, peixes alados e praias com mais pérolas que areia. Quando veem as sereias, comentam que não são tão belas quanto se diz, mas a busca dessas guerreiras os conduziu em largo caminho até a Califórnia, assim chamada em honra da rainha amazona Calafia, busca que inspirou também o nome do maior rio da América do Sul.

Equivocaram-se ao procurar a fonte da juventude na Flórida. A busca paralela do Eldorado, o chefe índio pintado de ouro duas vezes ao dia, conduziu-os até Potosí, a maior mina de prata do mundo. E as buscas das fabulosas sete cidades de Cíbola levou Francisco de Coronado em sua dramática peregrinação até os territórios na fronteira do México.

Penso que mais suportável teria sido a provação de Don Álvar se aquela fosse uma civilização digna de conquista. Não. Uma gente pobre, miserável, sem ouro e sem prata, que nem conhecia esses metais. Povo de utensílios toscos de madeira e pedra, de costumes de caçadores primitivos, de hábitos e leis que mesclavam peculiar senso de justiça com a truculência mais abjeta, estimulada pela rudeza dos longos meses do ano em que a caça rareava e eram submetidos às privações da fome e do frio.

A sorte de Don Álvar no Sul se desenhava sem que ele soubesse, quando ainda peregrinava nu e faminto pelo Norte. Seu futuro pendia de outra expedição malsucedida, a que fundou Buenos Aires na embocadura do rio da Prata para logo depois vê-la arrasada. Pedro de Mendoza, vaidoso cortesão que fez fortuna no saco de Roma com as tropas espanholas de 1527, estava à procura de mais ouro. “Faz a conquista de pagãos com ouro de romanos”, dizia um verso da época.

Mendoza não esperava enfrentar a bravura dos querandis, pobres e valentes, que ao contrário de todos os outros índios da América, não tinham medo dos cavalos e das escopetas. Atacaram as fortificações noite após noite e não afrouxaram o cerco até a destruição total. Desabavam sobre os espanhóis em ataques suicidas, em levas intermináveis. Logo não havia mais o que comer. Os espanhóis devoravam as solas de suas botas. Na Espanha se soube, com misto de horror e comiseração, que chegaram a canibalizar os mortos, tanta era a fome e o desespero.

Decretada a retirada, deu-se um amanhecer desesperado. Os homens subiam aos magotes pelas amuradas dos barcos, agredindo-se em insano desespero para escapar ao último ataque dos querandis. A expedição se dividiu. Mendoza, muito doente, tinha febre e convulsões, e em seu rosto apareceram as feridas da sífilis. Não conseguiu retornar à Espanha. Seu corpo foi arrojado nas águas barrentas antes que o barco alcançasse o mar aberto.

Outra parte decidiu acompanhar Juan de Ayolas, que subiu o rio e foi aportar léguas acima, no rio Paraguai, onde fundou Assunção. Dali pretendia alcançar o império de um rei branco, suas minas inesgotáveis e seus templos revestidos de prata.

Quando voltava para casa, dez anos depois das desventuras no Norte, Don Álvar parou dois dias na ilha Terceira, onde conheceu o piloto português Gonçalo da Costa, que conduzira a nave Madalena, da frota de Pedro de Mendoza. Dele ouviu os relatos sobre a tragédia de Buenos Aires, sem que Da Costa soubesse dizer sobre o destino de Juan de Ayolas. Mas o que mais o impressionou foi a lenda dos índios sobre o Império da Prata, nunca alcançado. Esta conversa no porto das Canárias teria importância decisiva em seu futuro, quando mais tarde reivindicou ao Conselho das Índias o papel de Adelantado no rio da Prata.

Maldito dia foi esse. Ao Norte, Don Álvar ainda contou com a solidariedade dos índios para se salvar. No Sul, foi traído e condenado pelos seus. Ao tomar o poder de Domingos de Irala, lugar-tenente do desaparecido Juan de Ayolas, e ao tentar reduzir as perversidades contra os índios naquele bordel em que se transformara Assunção, Don Álvar cavou sua desgraça.

UMBIGO DO MUNDO

Quando chegou ao Paraguai, Don Álvar imaginou que pudesse melhorar a vida daqueles índios que estavam submetidos à sanha dos espanhóis sob a tutela de Domingo de Irala.

Quanta decepção! Ao tratar de impor novas leis de convivência, começando por exigir o fim dos haréns, teve por parte dos índios grande reação.

"Ore noroikotevëi arandu. Roikotevë ape chiru. Aga Roikotevë ha'ara arandu, rohenóine".

São palavras do cacique que, traduzidas, significam:

— Nós não necessitamos de sábios; necessitamos gente amiga. Quando necessitarmos de sábios nós os chamaremos.

Por aí se vê que os índios não queriam outra ordem que não aquela que os envolvia em constante orgia com os brancos. Em troca de sexo já não precisavam se preocupar com os seus inimigos payaguás. Por que mudariam de vida?

É necessário saber que estes índios se consideram o povo escolhido por seu Deus. Tanto que acreditam viver no umbigo do mundo. **"Yvypyte"** nomeia o seu universo e significa "o centro da terra".

Mas, se necessitamos deles informação, só a dão a quem entendem que merece ou em troca de algo. Nada fazem sem obter alguma vantagem. E para escapar ao pedido, reafirmam sua ignorância sem nenhum pejo.

— **Che ndaikuaái mba'eve.**

"Eu não sei nada." É a resposta mais comum nessas situações. Don Álvar a justificou como atitude de defesa. E quando há insistência em saber de algo, os guaranis costumam se fechar e repetem uma frase que na verdade não quer dizer nada.

— **Oiméneko upaichá.**

Significa "assim há de ser", o que não quer dizer nada quando usado para todas as respostas que querem evitar.

Muito mais tarde, Domingo de Irala declarou perante o Conselho das Índias, para desmentir as acusações contra ele, que os guaranis eram um povo hospitaleiro, generoso a ponto de dispor de suas irmãs, filhas e esposas para ajudar o viajante necessitado.

Assim, dizia Irala cinicamente, deu-se a comunhão entre espanhóis e índias, e dessa comunhão surgiu uma população de mestiços, de criollos que hoje dominam a vida de Assunção sempre em favor dos interesses da Espanha.

— **Ñaypytyvõ va'erã lo chiru.**

— Devemos ajudar os amigos.

O difícil é imaginar as concessões que devemos fazer para sermos considerados amigos, começando por abdicar de princípios da fé cristã e abraçar a perdição na luxúria.

A HISTÓRIA ESCRITA PELOS SOBERANOS

Que mais posso? Sou apenas a testemunha involuntária de parte dos fatos e guardador dos relatos que Don Álvar me confiou. Nada mais.

Sei onde me situam na ordem natural do edifício do poder. Estou entre aqueles que não pesam nas decisões, humílimo servo da Igreja que não consta nem mesmo no último rol do último dos círculos da Corte.

Insignificante. Nem a fé ou a confiança na Santa Madre Igreja ainda tenho íntegras e isso me desespera. Rezo, invoco os santos, imponho-me a vigília e o cilício.

Obrigo-me a este opróbrio, porque ele será ainda maior e mais insuportável se eu desistir. Devo lutar contra a evidência de que se esgotaram os esforços e que a impotência de meus gestos torna-se ridícula diante deste mundo impenetrável e sua atmosfera pesada de leis e esquecimentos.

Ainda hoje, Don Álvar mudaria a sua sorte e teria melhor destino se fosse cordato e aceitasse a vida de personagem secundário, confortável e medíocre como o fez Gonzalo Jiménez de Quesada, que, depois de derrotar os índios chibchas em guerra cruenta, errou em busca do Eldorado e acabou seus dias na placidez de uma propriedade campestre. Mas isso ele jamais admitiu. Quando escreveu *Naufrágios*, o relato de suas aventuras no Norte, não escondeu uma ponta de orgulho pelas façanhas e pelo parentesco.

— Bem pensei que minhas obras e serviços fossem tão claros e manifestos como os dos meus antepassados.

Quanta ingenuidade em homem tão provado nas situações mais desafiantes. Não compreendeu que a história dos conquistadores seria escrita não por eles, mas pelos soberanos, capítulo por capítulo, da mesma forma que estão escritas as crônicas e os feitos heroicos de nossos reis. As guerras e a conquista revestidas de nobres motivos, nunca as confissões dos saques, das atrocidades cometidas para rechear um galeão do ouro e prata que seriam gastos em novos palácios e em novas guerras.

Ai, Espanha! Quantas naves transbordantes seriam requeridas para engrandecer o Império? Quantos Méxicos e Potosís? Quanto esforço e luta para cobrir de glórias, ouro e prata os soberanos de Castela e Aragón? Quantos de teus filhos, cavalheiros convocados pela ilusão da fortuna e homens extraídos do desengano, da nobreza decaída e da escória dos portos, teriam de seguir às estrelas da rota do almirante, em busca das lendas e promessas das terras desconhecidas?

Don Álvar nos dizia que o Mundo Novo não é o paraíso terrestre nem o inferno dos desditados. É, a um só tempo, paraíso e inferno, lugar para sempre invadido pela insanidade que provém da voracidade que anima a conquista. Ai, Espanha, tantos crimes, tantos vícios. O genocídio dos povos descobertos, rebaixados à categoria de não-humanos para justificar a preação de escravos, o roubo de suas riquezas e a destruição de seus reinos.

AS TRAIÇÕES DA ESPANHA

E que fizeste, Espanha, de teus conquistadores?

O mesmo Império que os honrou, ao torná-los afortunados e heróis, também os degradou.

O primeiro e maior de todos, Cristóvão Colombo, foi devolvido, acorrentado, à Sevilha. Hernán Cortés perdeu todos os títulos e foi impedido de viver em Antequera, a capital de seus domínios. Restou-lhe o feudo e o exílio nas imensidões vazias entre Cuernavaca e Oaxaca.

No Peru, Gonzalo Pizarro foi executado por insubordinação, depois de dominar os incas e saqueá-los para abarrotar o tesouro real.

Diego de Ordaz, um dos capitães de Cortés, foi eliminado a pedido da Corte. Envenenado durante a exploração do Orinoco. Assim, se compreende a loucura de Lope de Aguirre, que saiu em busca do Eldorado, assassinou os seus chefes e se rebelou contra o rei para estabelecer seu próprio domínio na fonte do rio Amazonas. Eliminou a todos que se opuseram, decretando-lhes a morte, inclusive a da própria filha, aos sacerdotes que o acompanhavam. Já não confiava na Espanha, já não confiava em ninguém.

O mais grave erro de Don Álvar foi confiar na palavra dos nobres e dos negociantes, sem perceber que, naquele momento, era apenas instrumento de quem pretendia ampliar suas posses e amealhar mais riquezas.

Que lhe disseram antes da partida, na primeira viagem? Que vigiasse Pánfilo de Narváez, que remetesse notícias das descobertas, que contasse o ouro e a prata arrecadados. O emissário do Conselho, com olhar paternal e candura na voz, lembrou-o de seus encargos especiais.

— Don Álvar, seus olhos serão os nossos olhos nesse mundo distante. Velai pelos interesses do Império e pela glória da Espanha.

Por que Don Álvar acreditou que teria tratamento diferente quando, anos depois, foi enviado ao Sul, desta vez como comandante e possível Adelantado no rio da Prata? Alguém o estaria vigiando. Alguém enviaria notícias à Espanha. Assim se estendiam os olhos do Império.

Don Álvar foi apenas mais um dos fidalgos traídos da Espanha. El Tormentoso, assim o chamam agora os inimigos e os desafetos para lhe sublinhar a má sorte e os fracassos, desfiando a longa crônica de naufrágios e equívocos, sempre acrescida do fel da maldade.

Ficou o estigma. El Tormentoso, dizem nos cais os ébrios e os loucos, os marinheiros e as prostitutas, os cavalheiros e seus dublês, esta gente ímpia e ao mesmo tempo valorosa que participou da construção do Império. Riem. Don Álvar, o que saiu para conquista de um império rico e fabuloso e se viu prisioneiro de índios tão miseráveis que morriam de fome. Riem.

O Adelantado, enviado ao rio da Prata para estabelecer a ordem e a disciplina entre os espanhóis que lá se haviam corrompido, retornou prisioneiro acusado de 36 delitos contra a paz e a harmonia. Riem de Don Álvar.

O explorador que buscava o império secreto de um rei branco e não sabia que esse mesmo império, o do Peru, já era conhecido, suas minas enviavam prata à Espanha e havia sido conquistado por Pizarro muitos anos antes. Riem. A Espanha inteira ri de Don Álvar enquanto ele pede justiça. Riem, o riso estúpido de quem não percebe que a tragédia de Don Àlvar é também a nossa, seu destino errante é o da própria Espanha, seu final patético é o do próprio reino, condenado à solidão e às guerras.

OS ANCESTRAIS DE DON ÁLVAR

Quem eram os ancestrais que tanto orgulhavam a Don Álvar? Ele gostava de citá-los, da forma que os conheceu, através das narrativas fantasiosas. Sua infância correu na atmosfera recriada pela tia Beatriz de Figueroa, que a ele se dedicava com indissimulada preferência.

Diziam que essa era a forma sublimada que ela escolhera para expressar outra paixão, frustrada, primeiro pela impossibilidade imposta por outro casamento, depois pela morte do pai de Don Álvar, Francisco de Vera. A mãe, Teresa, morreu ao mesmo tempo. Ficaram os seis órfãos que Beatriz adotou.

Álvar tinha apenas oito anos na época em que se submeteu à severa disciplina nos estudos imposta pela tia Beatriz. Não a imaginem uma solteirona irritadiça, dizia ele. Era mulher vistosa, um pouco avultada nas ancas, e com uma fantasiosa e interessante capacidade para contar histórias. Educou Don Álvar imerso nas aventuras de Pedro de Vera, o avô paterno, que se destacara na conquista das Ilhas Canárias e na tomada de Granada.

Don Álvar adorava as histórias bem recheadas de incidentes e de aventuras típicas das novelas de cavalaria. O nome Cabeza de Vaca, dizia, fora conferido a outro antepassado,

Martin Alhaja, em 1212, pelo seu heroísmo nas batalhas das Navas de Tolosa, quando demarcou com uma caveira de vaca o lugar certo para a passagem do exército espanhol pelas montanhas geladas.

Don Álvar cresceu admirando a bravura dos ancestrais. Contra a vontade da tia, que lhe estimulara os ânimos, engajou-se nas tropas que foram às guerras da Itália, onde participou da batalha de Ravena, em 1512. Voltou alferes. Em 1520, participou das operações que sufocaram a revolta dos comuneros e, em 1522, esteve na campanha da França. Mas a carreira no Exército era lenta e obstruída pelo excesso de antigos oficiais.

Acreditava que São Tomás de Aquino preside, desde o céu, as verdades políticas básicas que devem governar os homens, inclusive os que se aventuram no coração da América. Diante dele está sentado Santo Agostinho, o doutor da Igreja, cujas ideias são as pedras angulares de nossa vida espiritual e política. Deles aprendi que a graça de Deus não é algo acessível a qualquer indivíduo sem a assistência da Igreja e que para chegar a Deus devemos passar pela hierarquia eclesiástica, um sistema hermético para ensinar a verdade revelada, negando a investigação individual ou da crítica, mas sublinhando a necessidade primordial da tradição, propagadora da verdade e denunciadora infalível do erro.

Fui ensinado que o bem comum é outorgado desde cima pela autoridade reconhecida por Deus e, por isso mesmo, devem ser sufocadas todas as rebeliões.

DON ÁLVAR, EL TORMENTOSO

Não lembro de uma só oportunidade na qual tenha reagido ao tratamento que lhe deram. El Tormentoso. Era assim naquela época. Não dava importância à opinião dos outros.

É certo que ansiava pelo enaltecimento da aventurosa experiência de navegante e conquistador. Mas que outro lugar-tenente ou Adelantado escreveria sobre o próprio fracasso, muitas vezes com ácido sarcasmo e cruel ironia sobre as suas provações?

Don Álvar ditou o seu ao tempo em que os navegantes e os conquistadores mandavam grafar seus relatos revestindo-os de grandes doses de heroísmo e instigando a imaginação alheia com a repetição fantasiosa de sucessos tão ao gosto das histórias de cavalaria.

Os amigos o aconselhavam a abandonar a ingenuidade. Sabiam do veneno que corria entre as linhas que Don Álvar ditava com extrema fidelidade aos fatos e sem nenhuma autocomplacência. Foi essa atitude honesta e incomum que lhe rendeu inimigos eternos.

Ao contrário dos contemporâneos ilustres, Don Álvar Núñez Cabeza de Vaca não admitiu o registro adjetivado de suas qualidades pessoais. Queria ver conhecidas as suas histórias, quando muito os seus feitos. Gostava de ouvir e falar.

Dele, pouco ou nada sabemos que não venha de seus relatos. Sabemos os nomes de seus pais porque ele mesmo os citou nas páginas finais de *Naufrágios*, ao enunciar os ancestrais.

Não foi pela boca de um desafeto ou inimigo, senão pelo próprio Don Álvar que eu soube de seu vexaminoso contato inicial com os habitantes do Novo Mundo.

Do ponto de vista dos conquistadores, o relato da primeira aventura americana de Don Álvar é o de um fragoroso insucesso. Dos seiscentos homens que saíram da Espanha, em 1527, apenas quatro regressaram. A odisseia e sua incrível jornada de três mil milhas, a pé, até a Cidade do México, foi registrada por Don Álvar na narrativa ditada em 1542 e conhecida por *Naufrágios*.

O título é significativo. Encima a história do fracasso, da morte e da violência. É também a história de europeus reduzidos ao canibalismo para sobreviver, forçados a se converterem em escravos de índios tão miseráveis quanto eles.

Os europeus da expedição de Narváez, orgulhosos de sua fé e do poder do Império que representavam, chegaram equipados e vestidos para tomar posse das vastas terras desconhecidas. Subitamente, a fúria do mar e a esterilidade da terra os reduziu a uma total primeira nudez. Séculos de civilização consumidos em poucas horas.

Don Álvar contou esta história muitas vezes durante os dias vividos em Assunção.

Depois de um longo cativeiro, conseguiu recuperar alguns de seus direitos de homem livre. Chegou a se converter a curandeiro e foi honrado e transferido de uma tribo a outra, como a mais valiosa posse desses pobres índios. Com os poucos sobreviventes da expedição, viajou da Flórida (através do território hoje ocupado pela Louisiana, Texas e Califórnia) até o México, que estava em mãos dos espanhóis.

Sua história termina bem, mas como crônica da conquista do Novo Mundo se converte em algo maior: um documento extraordinário sobre os limites da resistência humana ao sofrimento.

Do ponto de vista da exploração de um extenso território, Don Álvar Npuñez Cabeza de Vaca comprovou que a América não era um grupo de ilhas, como se acreditava até então, mas um continente escassamente povoado por uma grande variedade de tribos indígenas.

Mas que interesse poderia ter a Corte do rei Carlos V e seu prognatismo por um lugar onde não havia ouro, prata e tesouros? Que importância teriam estes povos que para nada serviam, nem mesmo para assegurar sua própria sobrevivência, se fossem subjugados?

Carlos V nem falava espanhol. Sua educação era flamenca. Com escasso sentido político, rodeou-se de cortesãos flamencos e lhes outorgou postos que os espanhóis consideravam seus pela tradição, inclusive o bispado de Toledo.

A reação não tardou e se deu na contínua batalha entre os poderes centralizantes e absolutos requeridos por Carlos V e os poderes persistentes, potenciais e libertários das cidades medievais.

A VIDA NA ÉPOCA DE CARLOS V

A trajetória de Don Álvar foi típica de sua época. Lugar-tenente de um Adelantado, Adelantado, governador e capitão-geral. Sua vida coincidiu, na maior parte, com o reinado de Carlos V. Chegou este à Espanha, em 1517, para tomar posse do trono e substituir o cardeal Francisco Jiménez de Cisneros, que havia governado como regente desde a morte do rei Fernando.

Carlos era filho de Felipe, o Belo, e de Joana, a Louca, esta filha dos reis católicos e neta do imperador Maximiliano I e de Maria de Borgonha. Carlos tinha apenas 19 anos quando agregou às coroas hereditárias, a coroa imperial da Alemanha, com o título de Carlos V.

A partir desse momento sua atividade seria uma viagem perpétua pela Europa e um batalhar incessante. Guerreou repetidamente contra dois reis da França, Francisco I e Henrique II, aliados ocasionais de Henrique VIII da Inglaterra e dos estados italianos. Guerreou também contra os turcos, empreendeu duas expedições contra os muçulmanos do norte da África e teve que fazer frente, na Alemanha, às guerras civis nascidas da reforma religiosa de Lutero.

Desanimado pela derrota de Metz e debilitado pelas enfermidades e por mais de três décadas de esforços, em 1555 decidiu abdicar e cedeu a seu filho Felipe os Países Baixos, o Franco Condado, as coroas da Itália e da Espanha e o Império da América.

Ao seu irmão Fernando, que era rei da Boêmia e da Hungria, entregou as possessões hereditárias dos Habsburgos e a Coroa Imperial da Alemanha. Despojado de todos os títulos, morreu em 1558 no mosteiro de Yuste.

Em 1519, ano em que Carlos V ascendeu ao trono imperial da Alemanha, Hernán Cortéz lhe comunicou que também podia se considerar imperador da Nova Espanha, no antigo reino do deposto Montezuma.

— Com título e não menos mérito que o da Alemanha que, por graças de Deus, Vossa Sacra Majestade possui.

Este aumento de poder era para Cortéz a prova da missão providencial a que seu rei estava destinado: a de se converter em monarca do mundo. Mas, em que pese o controle e a autoridade que desde Espanha se exerciam sobre as novas terras, a ideia imperial de Carlos I continuou sendo obstinadamente europeia.

Ainda que refletisse certa estreiteza de olhar, sua falta de entusiasmo pelo título de imperador da Nova Espanha obedecia também à constatação de que a fonte das minas dos territórios hereditários dos Habsburgos produzia quatro vezes mais prata que toda a América, e essas cifras não foram revertidas até os dois últimos anos de seu reinado.

O Novo Mundo contribuiu, no entanto, para sustentar largamente a aventura imperial europeia, já que a atração exercida pela América e os sinais da prata americana propiciaram às grandes casas financeiras um estímulo para adiantar importantes quantias de dinheiro.

Só no final da década de 1540 e a princípios de 1550, o centro de gravidade econômico do Império passou dos Países

Baixos à Península Ibérica. Os emprestadores alemães e flamencos foram substituídos por um novo vínculo financeiro que enlaçava Gênova com a pujante cidade de Sevilha e com as minas americanas.

Durante os últimos anos do governo de Carlos V e à medida que suas demandas financeiras aumentavam, o imperador dependia cada vez mais dos recursos da Espanha e das Índias e assim permaneceu durante o reinado de seu filho e sucessor, Felipe II.

O PECADO DO ORGULHO

Algumas vezes chego a acreditar que o Altíssimo operou em grande misericórdia sobre estes homens marcados pelo pecado do orgulho e pela cupidez.

Outras, quando me desfaz-se a fé, derruída diante dos descalabros e da vileza, sou levado a pensar que tudo teria que transcorrer assim, tal o desconcerto que tomou conta das almas apoderadas pelo desejo da fortuna.

Quantos morreram ou se gastaram em busca do equívoco? Várias expedições naufragaram. Outras foram trucidadas. E enquanto se esfalfavam pela mata e pelos pântanos, já não havia mais nada que descobrir. O Império tão esforçadamente procurado caíra em outras mãos mais ágeis e aparelhadas.

Devemos reconhecer que, também desta vez, Don Álvar foi infelicitado pela sorte e pelas circunstâncias. No charco lodoso, à margem do rio Paraguai, povoado de índios submissos e abandonados da proteção de Deus, convivendo com as feras e com doenças desconhecidas, afundou-se o que sobrara da expedição que partiu da Espanha para tomar posse da embocadura do rio da Prata e ali fundar um forte e uma povoação que dariam apoio às expedições pelo continente.

A missão de Pedro de Mendoza falhou. Durante dias seguidos os índios atacaram o forte de Buenos Aires até destruí-lo. A expedição foi obrigada a abandonar a povoação. Mendoza, doente, decidiu voltar à Espanha. Mas antes mesmo que o seu barco chegasse ao mar aberto, expirou, corroído pela sífilis. Seu corpo foi atirado nas águas barrentas do rio da Prata, nome que até hoje ostenta e que é fruto da pura ilusão de que ali começava o caminho para a descoberta do Império.

Parte dos homens decidiu voltar à Espanha. Dois barcos naufragaram ao sul da ilha de Santa Catarina, um lugar que, por muito tempo, foi o cemitério de navios e marinheiros. Os demais chegaram às Ilhas Canárias e dali alcançaram Espanha.

Juan de Ayolas, lugar-tenente e substituto de Mendoza, não desistiu. Tomou o rumo inverso e subiu o rio para o interior do continente. Sua obsessão era mais forte que qualquer outro sentimento. Estava decidido a enfrentar todos os obstáculos para encontrar o reino do imperador branco, os templos revestidos de prata e ouro, talvez mais rico e imponente que o México de Hernán Cortéz.

Era o que lhe faziam imaginar as lendas dos índios guaranis que, na verdade, não mentiam, mas jamais disseram exatamente onde ficava aquele reino de riquezas incomensuráveis.

O ÓDIO DE IRALA

Quando Don Álvar partiu para o Norte à procura do Império, fiquei em Assunção e pude ver o ódio de Domingo de Irala que se traduzia em sua esperança de que o Adelantado não voltasse.

Seu desejo era de que Don Álvar sucumbisse ao ataque de índios e tivesse o mesmo fim de Juan de Ayolas. Ele seria, então, mais uma vez o comandante máximo.

Foram dias em que eu quase sucumbi, tanta era a vontade de sair daquele inferno. Sob o sol alto da meia-manhã, eu me impus caminhar todos os dias em direção ao rio. Queimava os pés descalços na poeira esbranquiçada, assaltado pela esperança de ver um barco espanhol se aproximando. Ritual diário, penoso, que certamente contribuiu para a alcunha que recebi. El Loco.

Percorria o caminho para espreitar o horizonte largo do remanso que se abre na dobra do rio. Houve momentos em que cheguei a mesclar a vista, imaginando mastros no lugar dos varapaus e transformando ilhotas pantanosas em frota que avançava em minha direção.

Nesse dia, corri pela margem, tropecei num tronco, machuquei o rosto na areia e apenas confirmei a decepção. Ninguém, da Espanha, estava por chegar. Ninguém subira o rio para nos dar socorro. Ninguém viria.

Ia em passo miúdo e rápido. Obstinado, olhar preso no final do caminho que se estendia à minha frente por mais de um quilômetro até o porto coalhado de pirogas e de onde se via os três barcos que nos trouxeram e os batéis de desembarque apoitados longe da costa. Eu era magro, o corpo coberto apenas pelo hábito sujo e esgarçado, sempre seguido pelo tropel de crianças. Algumas imitavam o meu andar e todas riam e gritavam:

— Louco, louco, louco.

Eu caminhava concentrado em minha agonia. Nem compreendia a expressão na língua que rejeitei. Passava em frente à casa grande de Don Domingo de Irala, algumas mulheres saiam ao solário para me ver. Cochichavam, riam, uma delas, gorda, os seios enormes caídos sobre a barriga inchada, faz graça e se chacoalha toda de tanto rir.

Caminhava rápido para escapar das moscas-varejeiras e dos outros insetos que não incomodavam os nativos. Queria fugir dos odores que se misturavam em minhas narinas, de cloacas, de fezes amontoadas na entrada da mata, à beira do caminho, onde as índias despejam os vasos usados durante a noite e ali mesmo elas defecam, lixeira e latrina públicas revolvidas pelos cachorros sarnosos em que se transformaram os mastins da expedição.

Assunção tinha esses cheiros que se misturavam com os de caça e pescados em defumação, alçados sobre troncos que queimam lentamente na frente das casas. Mais o cheiro azedo do cauim em fermentação que exala pelas janelas abertas de construções baixas, toscas, cobertas de sapê.

Tudo apodrece rapidamente sob o calor úmido, sufocante, que envolve o povoado em atmosfera pesada, quase irrespirável e que associo com o cenário humano degradante que reunira os restos do pequeno exército de Pedro de Mendoza aos guaranis do Alto Paraguai, em promiscuidade e luxúria, em permanente prática dos pecados que considero os mais hediondos e outros que jamais imaginara e certamente fariam corar os habitantes de Sodoma e Gomorra.

Assim era Assunção em sua origem, em 1542, já conhecida na Espanha como o paraíso de Mahoma, tais as notícias sobre a completa dissolução da moral dos homens e tal o preconceito contra os mouros na Corte de sotaque flamenco de Carlos V.

Meu único desejo era desertar daquele mundo encravado na selva e voltar à Espanha. Pedira, implorara a Don Domingo de Irala que permitisse minha saída no barco que retornara para levar os doentes e as notícias da expedição. Fui proibido e, por insistir, colocado a ferros durante uma semana.

Só recuperei a liberdade por interferência de meu irmão, Alonso, que se comprometeu a me impedir de continuar a inútil pregação contra o abuso dos prazeres, contra os haréns mantidos pelos brancos que preavam ou recebiam de presente as índias mais jovens, chegando alguns a ter mais de 80 a seu dispor. Nem os frades dominicanos resistiram às tentações e formaram apriscos em nome da salvação das almas das nativas, embora se dedicassem apenas a lhes usufruir a carne e os serviços domésticos, deleitando-se no sexo e em comilanças.

Ócio e degradação era a comunhão diária de todos os que ficaram sob as ordens de Don Domingo depois que o comandante seguiu com os melhores homens em busca do Império descrito pelos índios e confirmado pelo português Aleixo Garcia, que lá chegou e enviou amostras da prata, embora não tenha sobrevivido para contar sua história.

Há anos não tínhamos notícias de Ayolas e a maioria já dava como certa a sua morte. Ali ficaram a esperar, desencorajados a seguir os passos do comandante. Não voltavam à Espanha porque alimentavam o sonho de conquista, mas este sempre era adiado porque eram grandes os riscos que teriam no caminho. Todos sabem e almejam um dia descobrir o reino. Em algum lugar ao Norte, o país de um Imperador Branco, suas minas de ouro e prata, cidades e templos riquíssimos, talvez um botim maior que o conquistado por Hernán Cortéz, no México.

Éramos franciscanos, homens que não tiveram outro caminho que não a Igreja para escapar à pobreza da família na Estremadura. Tínhamos fé. Mais que missão da Igreja, acreditávamos que cumpriríamos missão divina no Novo Mundo, um extenso universo para a conquista da cristandade.

O IMPÉRIO DE UM REI BRANCO

Foram as notícias sobre o império que deram nome ao estuário. Rio da Prata. Um rio de águas barrentas, da cor do pelo do leão. A expedição instalou um fortim e poucas casas, que representaram a primeira fundação de Buenos Aires.

Mendoza se preparava para enviar comitivas ao interior quando foi surpreendido pelos ataques infernais dos índios querandis. O povoado foi arrasado e todos tiveram que fugir. Mendoza, adoentado, de volta à Espanha. Morreu no caminho, devastado pela sífilis. Ayolas decidiu continuar e subiu o rio, entrou pelo Paraguai acima até este ponto, onde foram bem recebidos pelos índios.

Extenuados, os espanhóis que tinham a seu serviço alguns alemães e franceses da tropa de besteiros, decidiram atender ao convite. "Lhes daremos nossas filhas", prometiam os índios guaranis, em seu hábito de selar a paz e a amizade pelo cunhadismo. Assim foi que Assunção nasceu sob o signo da cupidez e da luxúria, do convite aos europeus para se integrarem em sua rede familiar e adotar seus hábitos e sua cultura.

Não se conhece outra experiência de conquista em que os brancos tenham se submetido, de forma tão completa e dedicada, à cultura local. Logo falavam a língua gutural dos nativos, adaptaram-se à culinária de peixes moqueados, o tempero de ervas de gosto estranho e acentuado que também utilizavam para preparar a caça, mais os beijus e a própria mandioca que sabiam escolher para evitar as venenosas.

Embebedavam-se de cauim, que me provocava engulhos pelo cheiro e por saber que era preparado pela mastigação e salivação dos índios. Curavam-se de todas as consequências com a medicina de pajelanças, ervas medicinais usadas em beberagens e emplastros, e a fumaceira abanada sobre o paciente ao som de monocórdicas e ritmadas imprecações que ninguém conseguia traduzir.

Eu sentia falta da vida anterior no mosteiro, das celebrações das matinas, dos coros em cantochão, das missas pronunciadas em latim, do convívio irmanado na fé. Ainda não conseguira deixar de me assombrar diante da falta de pudor das índias, transitando nuas, o que era menos agradável ainda de ver quando se tratava de velhas de sorriso cariado, de bochechas inchadas pela mascagem de ervas, os peitos secos e caídos.

Houve momentos em que me deixei tentar pelas jovens de peitos rijos e cintura ainda fina, pubescentes, quase crianças lascivas, que procuraram me subjugar, certamente por ordem de Irala, para me derrotar em minha cruzada pela restauração da fé e dos costumes cristãos. Resisti à loucura, flagelando o corpo e purificando a alma em orações, com o apoio de meu irmão, que, se não estivesse ali, quem sabe o que seria de mim naquele mundo de opróbrios e dissolução.

Ao chegar ao porto, vi as pirogas dos índios que vinham para vender goiabas, acerolas, cipós medicinais, samambaias, orquídeas e ervas de cozimento.

Alguns traziam suas mulheres para prostituí-las em troca de facas e machados, negociando-as com soldados que já tinham tantas a seu serviço, mas que se habituaram a comprar a novidade por preços ínfimos. Não era sem razão que a milícia restante se transformara num mostruário dos efeitos da decadência e da depravação.

Aqueles homens, engajados para uma empreitada de conquista, andavam sujos, em farrapos, a pele marcada por feridas produzidas pelos excessos e pelas picadas de insetos. Obesos, malcheirosos, mambembes, incapazes de enfrentar um assalto de inimigos. Em pior estado os que gozavam da preferência e das prebendas de Don Domingo de Irala, que não conheciam outra distração que comer, beber e fornicar se reunindo em intermináveis festins.

Vi rostos pintados e besuntados com tintas de várias cores. Vi araras e papagaios acostumados aos ombros daqueles índios fortes, musculosos, que esperavam dos brancos a proteção contra tribos inimigas da vizinhança e uma fonte constante de negócios, de trocas, de curiosidades. Aprenderam rapidamente a corromper os espanhóis, percebendo que não resistiam diante de qualquer oferta de prazer.

Imobilizados naquela selva, distantes da Espanha e da civilização, sem o olhar da lei e dos iguais, largaram-se aos vícios que antes não admitiam. Estavam dispostos a obter tudo que lhes oferecessem para a cama e a mesa e para diverti-los, fossem mulheres, bichos, meninos, flores, meninas ou frutos. Tudo o que significaria desonra em Sevilha, agora era comum e motivo de vaidades nas conversas dos homens, que já não escondiam todas as suas deformações.

Onde eu via inocência e beleza corrompidas pelos espanhóis, recuperáveis pela intervenção da Igreja, Don Álvar enxergava perversidade brotando da amoralidade e da ausência de fé cristã. Aquela gente que estimara ingênua e desprovida de pecados, que imaginara ajudar a transformar em rebanho da Igreja, mostrara-se um povo de gestos primários, contraditórios, capazes de extrema solidariedade ao mesmo tempo que sacrificavam os filhos recém-nascidos indesejados ou que lhes pareciam imperfeitos. Adoradores de um deus estranho, Tupã, criador de toda a natureza e responsável pelas variações climáticas.

Não conseguia compreendê-los naquela língua de sons que lhe pareciam grotescos, e o irritava o olhar debochado que lhe lançavam, apontando-o com o dedo e o examinando como animal diferente, desconfiados de sua recusa a aceitar, como os demais de sua raça, o jogo dos vícios.

O MUNDO DESERTADO POR DEUS

Nada. Nenhum vestígio de embarcação, nenhum sinal do socorro que esperava de fora daquele mundo onde está encarcerado. O sol que fere seus olhos se reflete nas águas mansas do rio Paraguai e realça estranhamente os verdes destoantes da vegetação. Nos primeiros dias, pareceram-lhe alegres cores de vida e fertilidade. Agora, o sol ilumina a paisagem de um mundo triste, depressivo, onde as aparências se diluem em tonalidades sombrias.

Olhando ao redor, a mata é tão intransponível quanto o muro de uma prisão. A selva se estende por lonjuras que nem ele consegue imaginar. Havia um caminho, o do Peabiru, usado pelos índios para chegar ao mar. Pensei em sair por ele, mas duas razões me impediram. Não abandonaria meu irmão Alonso nem partiria sem a sua permissão. E não dispunha da coragem para enfrentar a mata intrincada, de árvores enormes que se devoravam umas às outras, habitada por animais selvagens, dependendo de índios que me consideravam louco e que não mereciam apreço ou confiança.

Voltou devagar pelo mesmo caminho em direção ao povoado. Nuestra Señorade la Asunción, pensei, não merecia esse nome. Nem merecia a presença da ideia de Deus. Avancei entre as casas no horário silencioso da sesta. Nenhum ruído era permitido por Don Domingo de Irala no turno após o almoço, quando ele dormia por três horas o sono velado pelas mulheres que o abanavam para afastar o calor e os insetos.

Na cela estreita, que parecia um forno, eu o esperava. Tinha o olhar preocupado, mas sorriu ao contar-lhe a boa nova. Enquanto ele espiava o rio, os índios trouxeram notícias de grande expedição que se aproximava por terra, vinda do leste, pelo Peabiru. As descrições diziam que eram espanhóis. Vinham armados, traziam cavalos, e deveriam chegar a Assunção no máximo em dois dias.

Deus não nos abandonara. Meu irmão Alonso expôs um sorriso como não se via em seu rosto há muito tempo. Seus olhos brilharam e teve vontade de sair à rua gritando sua alegria. Conteve-se. Por um momento passou pela sua cabeça a desconfiança de que esse poderia ser um anúncio falso, a fonte de mais uma frustração que poderia levá-lo às profundezas do desespero e à loucura que ele mesmo já prenunciara.

Ajoelhou-se e se pôs a rezar com todo o fervor que suas forças permitiam, pedindo aos céus que fosse verdade, que chegassem aqueles homens e que, por misericórdia, logo o levassem à Espanha, à vida, aos seus.

O PODER EM DISPUTA

Creio que ninguém que tenha experimentado o poder, mesmo que por muito pouco tempo, esquecerá a sensação de potência que atribui aos homens. Ao perdê-lo, jamais deixará de tentar recuperá-lo.

Lembro-me do rosto de Domingo de Irala no momento em que Don Álvar Núñez Cabeza de Vaca chegou à Assunção e lhe entregou o édito real que o nomeava Adelantado, caso se confirmasse a ausência ou impedimento de Juan de Ayolas. Por mais que procurasse dissimular, os olhos de Irala revelaram rancor. Esperava socorro e Espanha lhe mandara um substituto, devolvendo-o à condição de subordinado.

— Passo-lhe o comando, se é por gosto e ordem dos soberanos — disse Irala.

— Eu o assumo, porque é a minha missão, Don Domingo de Irala, e espero ter os seus préstimos.

Irala fez um sinal de aquiescência com a cabeça e se afastou para a sua casa. Nunca mais esses dois homens se deram paz.

Muitos anos mais tarde, quando Domingo de Irala chegou ao Peru, em 1562, avançando pelo interior do continente através dos pântanos que separavam Assunção do território de Charcas, nos contrafortes dos Andes, em longa jornada a pé ou em canoas, sob o ataque de tribos hostis e se arriscando à malária e às feras, encontrou, afinal, o Império que buscava.

Os índios guaranis não haviam mentido. Ali estava o reino indicado desde a boca do rio da Prata. Irala conheceu seus templos e suas inesgotáveis minas de prata. Era o Império do Inca. Mas esse reino, que durante todos aqueles anos fora o motivo maior da cupidez dos conquistadores, custando as vidas de Juan de Ayolas e seus homens, a do português Aleixo Garcia e levando à desgraça a vida de Don Álvar Núñez Cabeza de Vaca, já tinha um dono e servia à Espanha.

Outro espanhol chegara muito antes, pelo Oceano Pacífico, e ali se instalara. Francisco Pizarro conquistara o mesmo reino que Ayolas, Garcia, Irala e Cabeza de Vaca tentaram alcançar pelo sul. Contam que a sua expressão foi um misto de dor e de decepção. Sentia-se profundamente derrotado. Lutara para alcançar aquele momento, preparara-se para enfrentar o inimigo, e da conquista pretendia erigir um império ao sul mais rico e influente que todos aqueles fundados ao norte. Sei que a dor mais funda, a mágoa que o quebranta, é a proibição irrevogável de voltar ao Novo Mundo, onde teria esperanças de provar sua razão e de recobrar o respeito e o poder.

A CHEGADA AO INFERNO

O que fora um improvisado acampamento na beira do rio, assumira o aspecto de uma pequena povoação transferida para lugar mais seco.

Quando Don Álvar Núñez Cabeza de Vaca e seus homens entraram pelo caminho entre as poucas casas baixas, de paredes de adobe algumas, de troncos outras, todas cobertas de sapê, provocou a alegria antiga e quase esquecida de ver a cara nova de um semelhante de sua raça depois de muito tempo.

Um corso de barbados veio ao seu encontro e, atrás, a população de índios curiosos em saber quem eram aqueles. Alguns chegaram a imaginar que era a expedição de Juan de Ayolas que retornava. Não esperavam ninguém da Espanha por esse lado.

Diariamente olhavam o rio com a esperança de que uma embarcação apontasse pela mesma rota que tinham seguido desde a boca do rio da Prata. Mas Don Álvar vinha do leste, por terra, e trazia 40 homens bem armados, muitos cavalos, guiados pelos índios no caminho do Peabiru.

Os homens estavam muito cansados. Tinham a pele queimada, riscada pelos espinhos, e os pés inchados. O equipamento pesava sobre suas costas. Tiveram de fazer a pé o último trecho da jornada, pois os cavalos já não aguentavam o seu próprio peso. Os homens desabaram sobre o solo e nada mais pediam que não se aliviar de tudo e descansar o corpo.

Don Álvar e seus imediatos caminharam ao encontro de Domingo de Irala, lugar-tenente e substituto do Adelantado Juan de Ayolas, que seguira para o norte havia mais de um ano e não retornara. Vários grupos de resgate foram enviados para encontrá-lo. Voltaram apenas com os vestígios da expedição. Nunca mais conseguiram encontrar o Adelantado que sumiu na região dos pântanos em busca do Império da Prata. Irala fazia planos de seguir os passos de Ayolas. Reunira informações suficientes e pretendia organizar um grande grupo para resistir aos ataques das tribos inimigas dos carijós.

A LÍNGUA DO DIABO

Cunhã significa mulher em guarani. Vem da junção de duas palavras. **Cu** significa língua. **Anha** quer dizer diabo. Língua do diabo é a expressão criada pelos índios para dizer mulher.

Cumbae, em guarani, significa homem. **Cu** é língua. **M'bae**, a própria. A própria língua é a designação guarani para homem.

Bem sabiam os guaranis do que tratavam. Por força do oferecimento de suas mulheres foi criada esta vila de Nossa Senhora da Assunção, nome que soa à blasfêmia quando se sabe que aqui os espanhóis se entregaram aos pecados da carne de tal maneira que não há comparação na história e nos Evangelhos para tanta luxúria e desregramentos.

Nem Sodoma e Gomorra. Nem Babilônia. As tabernas de Cádiz e Sevilha e os bordéis de Castela jamais viram tão absoluta depravação.

Há, em muitas partes, quem acredite que as gentes desta terra do Novo Mundo sejam desprovidas de pecado e estejam mais próximas de Deus que os cristãos.

Os próprios índios contribuem para essa crença. Chamam a sua terra de **M'bae verá guazu,** que significa terra sem mal. Mas basta uma pequena temporada e ouvir relatos de experientes para saber que há um grande engano em tudo isso.

— A fundação desta cidade foi mais por via do cunhadismo que da conquista. Aqui ficamos por cansaço e luxúria. Não houve guerra, não houve glórias nem outro desejo que não fosse parar em terra e repousar no regaço das índias.

Don Álvar ouviu o balesteiro Gonzáles de Mora, um homem da Estremadura, que chegara na expedição em fuga de Buenos Aires. Foi quando compreendeu que os vícios eram da origem do estabelecimento dos espanhóis naquelas terras.

Gonzáles de Mora contou que, navegando o rio Paraguai acima, que é muito caudaloso, encontraram os índios que povoavam suas margens e que se mostraram amistosos, ao contrário daqueles que tinham enfrentado no Prata e os que encontraram pelo caminho. Pareciam alegres e infantis. Falavam a mesma língua dos carijós e perguntavam quem eram, de onde vinham e o que buscavam essa gente estranha.

Juan de Ayolas mandou responder que vinham em paz, à procura do reino de um soberano branco. Os índios alertaram que não passassem adiante, porque enfrentariam tribos bem armadas e guerreiras. E como os espanhóis lhes pareciam boa gente, podiam ficar, dar-lhes-iam suas filhas e seriam parentes.

Esta, afiançava Gonzáles, era a melhor notícia recebida desde que tinham abandonado a boca do rio da Prata para escapar ao massacre. Todos estavam exaustos. A fome e os insetos rondavam os barcos e faziam as primeiras vítimas. O comandante Juan de Ayolas, instado pelos homens, decidiu lançar âncoras para descansar e estabelecer um ponto de apoio para a expedição que organizaria em direção ao norte, na contínua busca daquele Império cuja existência estes índios também confirmavam. Assim começou a povoação de Assunção. Todos receberam índias jovens e logo cada espanhol tinha boa quantidade.

— E quantas índias detém cada homem? — perguntou Don Álvar.

— Querer contar e enumerar as índias que no presente cada um tem é impossível, mas me parece que há cristãos que têm de oitenta a cem índias, entre as quais não pode ser que não haja mães e filhas, irmãs e primas, o qual, ao parecer, deve ser de grande perigo — respondeu Gonzáles de Mora.

Don Álvar estava apoplético, irado com a situação que encontrara seu minúsculo reino, que considerava livre do assédio de inimigos, mas corrompido em suas entranhas.

— É tanta a desvergonha e tão pouco o temor a Deus que, entre nós, estejamos como estamos, com as índias amancebados, que não há Alcorão de Maomé que tal desvergonha permita, porque, se vinte índias tem cada um, com tantas ou o mais delas creio que ofende a qualquer Deus.

O balesteiro só fazia aumentar a indignação do Adelantado, confirmando a quanto a prevaricação tinha levado aqueles homens.

— Há homens tão obcecados que não pensam em outra coisa nem pensam em voltar à Espanha, ainda que estejam aqui por muitos anos, tão arraigado está entre nós este mau vício.

— É este caso muito em favor de Mahoma e seu Alcorão, e ainda me parece que usam de mais liberdade, pois o outro não se estende a mais de sete mulheres, e aqui alguns têm até mais de setenta.

— Digo a Vossa Senhoria Ilustríssima que o cristão que está contente com quatro índias é porque não pode ter oito, e o que se contenta com oito é porque não pode ter dezesseis e assim por diante, de modo que se não é alguém muito pobre, não há quem baixe de cinco a seis.

— Pobres índios.

— Deles o Adelantado não se deve apiedar — explicou Gonzáles. — São ignorantes das regras de honra hispânica e não conhecem a ética do amor provençal. Ao princípio davam as suas mulheres e nos chamavam de cunhados. Até chegaram a celebrar com festas sob a janela de Irala uma dessas comunhões.

Don Álvar estava perplexo. Não fora para isso que atravessara o oceano, não viera para governar este reino da perdição, onde os homens já nada faziam além de prevaricar. A cada passo, a cada conversação, confirmava seu pesar. Onde alguns europeus viam ninfas, as testemunhas da colonização do Paraguai só viam as húris do profeta.

Utz Schmidl, outro remanescente da corporação de alemães que integraram a expedição ao rio da Prata, dizia, cinicamente, que a mansidão dos guaranis, suas terras férteis e suas mulheres tinham convertido a conquista em uma empresa agradável. Mas nesse acre testemunho também eram visíveis os sinais da rapacidade: as mulheres indígenas não só atendiam às necessidades da carne, mas trabalhavam como escravas domésticas. Consideradas despojos, as guaranis eram tratadas como bestas de carga.

AS LENDAS DE BEATRIZ

Onde os dias plácidos, de céu azul e sol inclemente, as noites mornas e perfumadas das lendas da tia Beatriz de Figueroa, que povoou sua infância de histórias de antepassados guerreiros e de relatos sobre o Novo Mundo.

Dois mundos conflitantes, explicava a tia. Unificados pela bravura dos homens que se atiravam às guerras na Europa ou à conquista da América com o mesmo denodo e coragem, movidos pela sede de dominar o desconhecido e de reconhecimento e fortuna, dizia, com a sua empáfia dos trinta anos bem vividos na Corte, à volta ou na cama dos heróis da pátria, que jamais tinham dinheiro, e dos cabotinos de títulos e honrarias compradas a peso de ouro.

Beatriz falava ao sobrinho adolescente, ao predileto, que se maravilhava com a ideia de um dia passar de ouvinte a personagem das aventurosas jornadas, que faziam dos homens lembrados e poderosos. A tia, que o recolheu órfão e lhe iniciou em todos os conhecimentos, não acreditaria na cena, tão orgulhosa se mostrara em sua partida, ele, o preferido entre todos os varões da família para continuar os feitos e relembrar as glórias dos ancestrais em sua geração.

Beatriz usara da sua influência e dispôs de alguns bens de raiz, providenciando os subsídios para fazê-lo o lugar-tenente e tesoureiro da expedição, ocupando o lugar que tantos nobres valorosos e experientes pretendiam, decaídos e sem dinheiro para custear sua participação. Beatriz, católica e piedosa, ao mesmo tempo de um gênio fogoso e irritado, gritaria contra os céus se soubesse que seu investimento redundaria em fragoroso desastre.

Que diria aos fidalgos que não escondiam, diante da escolha de Don Álvar para posto tão dignificante, a inveja e o rancor dos preteridos? E que diria à outra Beatriz, a mulher apaixonada e chorosa que prometera esperá-lo no mesmo porto, para dar-lhe os filhos que lhe continuariam as façanhas para confirmar o sangue que lhes corriam nas veias e dignificaram a sua casa, se o visse reduzido à vida dos selvagens?

Outro acontecimento que excitou sua imaginação na juventude foi durante os anos em que viveu em Sanlúcar de Barrameda, junto a Juan de Guzmán, o duque de Medina-Sidonia. Ali assistiu à largada da grande armada de Fernão de Magalhães, que saiu pelos cinco oceanos para a maior viagem marítima a que alguém já se atrevera. Uma volta completa pelo mundo. Presenciou, também, o emotivo regresso, cinco anos depois, da solitária nau Vitória, comandada por Juan Sebastián Elcano. O que parecia ser o epílogo de uma desastrosa aventura, logo se transformou em motivo de júbilo e festejos.

Viu as solenidades e as honrarias oferecidas aos poucos sobreviventes da primeira circum-navegação do planeta. Emocionou-se com os registros fantásticos das terras novas de Antonio Pigafetta. Dos gigantes da Patagônia aos animais e árvores estranhas, as aves sem patas e de bico em forma de colher, macacos com a juba de leões, grandes mamíferos com o umbigo nas costas, e os povos vivendo na inocência, sem perceber o pecado. Don Álvar queria conhecer e dominar esse mundo, certo de que isso lhe daria, além de fortuna, o respeito da Espanha.

AS ÍNDIAS ESTÃO SENDO DESTRUÍDAS!

Há muito o grito do frei Bartolomé de Las Casas ressoara nas paredes de mosteiros e igrejas, nos labirintos dos palácios da Espanha, ferindo os ouvidos da hierarquia católica e se expandindo nas colônias. Repetia o sermão de Natal do padre Montesinos e sua pergunta sobre o destino dos índios.

— Não são homens? Não têm almas racionais?

O debate se arrastou durante décadas e um século depois ainda havia quem sustentasse a tese de que os nativos das Américas não faziam parte da humanidade. Assemelhados, mas não iguais, diziam.

Las Casas fora dono de escravos em Cuba. Em 1524, renunciou às suas posses e entrou na ordem dos dominicanos, acusando os conquistadores de inumeráveis crimes e ofensas contra os índios, que eram súditos do rei e não podiam ser tratados como membros de um rebanho de gado.

— Por acaso os gregos, os romanos e os hebreus não tinham sido idólatras? E esta religiosidade pagã os havia excluído da raça humana?

Don Álvar conhecera as ideias de Las Casas. Elas eram confirmadoras de sua experiência no contato com os índios do norte, onde perambulou em busca de um caminho de retorno à Espanha, que se transformou na longa jornada pelas terras que vão do fundo da baía do Texas ao México. Negavam os direitos da conquista. Sobretudo a *encomienda*, que considerava a mais indigna forma de repartição de terras e poder no Novo Mundo. Um feudo onde o donatário tinha poderes absolutos, podendo dispor da vida, do trabalho, dos bens e até mesmo da virgindade das jovens índias sob sua tutela. O frei preparava os sermões e escrevia a História das Índias com amarga indignação. Espalhava suas denúncias pelas Cortes, açodava a irritação da nobreza espanhola, pedia punições.

— Esta tirânica governação é mais injusta e mais cruel que aquela do faraó do Egito oprimindo os judeus.

Suas ideias acabariam incorporadas às novas Leis das Índias, promulgadas em 1542, sem que ele percebesse que, nesse momento, servia de instrumento à Coroa, mais preocupada em atacar as pretensões feudais de seus Adelantados que defender os valores humanistas. A *encomienda* foi abolida. Mas ressurgiu disfarçada nos *repartimientos*. A escravidão dos índios foi legalmente extinta, mas passaram a existir as concessões provisórias de trabalhadores nativos.

Nada mudou. À Coroa não interessava a consolidação de poderes locais distantes e incontroláveis. Em nome da fé cristã e da proteção dos índios, súditos naturais, os reis da Espanha queriam salvar seus interesses. Os conquistadores e seus descendentes foram, um a um, considerados usurpadores. Deles retiraram os títulos de nobreza, de propriedade sobre a terra, os domínios feudais e os direitos hereditários. Das Leis das Índias se disse que lembravam teia da aranha, que só captura os pequenos criminosos, deixando livres os grandes.

O DEMÔNIO É MAIS FORTE

Ainda há tempo? Creio que a Providência impediu que os verdadeiros traidores da pátria e dos soberanos executassem-no diante do povo, na praça maior de Assunção. Doente, exausto da longa jornada pelos territórios de Charcas à procura do Império, não conseguiu reagir ao golpe.

Em poucos minutos, Domingo de Irala tomou o poder e restaurou a ordem original como pediam todos naquela cidade sem regras e dedicada aos extravios. Na verdade, ninguém queria um Adelantado protetor dos índios, um Cabeza de Vaca que reconhecia a humanidade dos nativos e considerava-os com direitos iguais aos dos cristãos.

Não, todos os que desceram naquele porto interior para realizar a pequena promessa de civilização, fugitivos da destruição de Buenos Aires, degradaram-se ao limite dos bichos selvagens. As suas mais nobres motivações, se é que existiram um dia, foram reduzidas aos vícios. Seus hábitos iniciais, transitórios, diziam, transformaram-se no modo definitivo de existir.

Já não conseguiriam aqueles homens viver na Espanha, a pátria da qual restou apenas uma tênue coleção de recordações. Já não querem regressar, porque não teriam outra possibilidade que a sordidez da vida nos cais de Cádiz ou em Sevilha, de onde foram arrancados. Por isso traíram Don Álvar e escolheram os benefícios de Domingo de Irala, a escravidão do gentio para lhes prover o sustento, as índias mais novas para os seus haréns.

A Espanha não estava preocupada com a justiça para os índios. Estava endividada em todas as casas bancárias da Europa e especialmente com a casa Flugger, da Alemanha, que lhe cedeu os empréstimos necessários para elevar Carlos V o Sacro Imperador Romano.

O rei queria das colônias o ouro e a prata para pagar as dívidas e para manter o Império extenso que instaurou para ser o soberano que unia o poder terreno com o poder espiritual da cristandade. Queria ser a cabeça política do mundo cristão, da mesma forma que o papa era a sua cabeça religiosa. O rei se impôs esta meta e haveria de se esgotar prematuramente para alcançá-la. Agora tinha de manter os seus domínios e já não era possível fazê-lo através de matrimônios, subornos e seduções, os métodos preferidos dos Habsburgos, mas através de atos de guerra.

O BORDEL DE ASSUNÇÃO

Que mais posso dizer? Do esforço para restaurar a ordem naquele imenso bordel em que se transformou Assunção? Das tentativas para repor decência e costumes honestos entre os cristãos?

Foi inútil tentar deter o vício desenfreado. Até os sacerdotes se dedicavam a encerrar as índias em clausura para catequizá--las, com um vigor que daria inveja aos personagens de Sodoma e Gomorra. Bárbaros, insolentes, jamais se privaram de nada.

Uma testemunha, ao menos, confirmou os excessos e fala de Babilônia e Sodoma. Mas até para este desregramento os juízes de Sevilha encontraram justificativa. Contam que quatro mil mestiços povoavam o Paraguai à época da morte da Irala. E, nessa situação, os índios encontraram uma maneira de sobreviver.

Tanto pecado teve um efeito desastroso nos índios. Cinicamente, o feitor Pedro de Dorantes dizia que por reter os espanhóis as suas mulheres, os índios deixaram de se multiplicar.

O equilíbrio e a sagrada instituição do matrimônio cristão tardaram um pouco nestas terras de infiéis. Mas quando as filhas mestiças dos conquistadores chegaram à puberdade, seus rigorosos pais cuidaram para que se casassem santamente com seus companheiros de orgia. Quando Irala morreu, em 1556, acabou-se aquele tempo.

"(...) Temos em paz, como vassalos de sua Majestade, aos índios guaranis ou carijós, que vivem a trinta léguas ao redor deste porto. Servem aos cristãos tanto com sua pessoa como com suas mulheres, em todas as coisas do serviço necessárias, e deram aos cristãos setecentas mulheres para que os sirvam em suas casas e nas roças. Pelo seu trabalho e, principalmente, porque Deus assim o quis, se tem tanta abundância de mantimentos que não só há para a gente que ali reside, mas também para mais de outros três mil homens."

Pensa na Espanha e sua avidez pelo ouro e pela prata do Novo Mundo. O resto não tem interesse para os reis de Castela e Aragón. Quantos perderam a vida nessa empresa?

— Ai, Espanha! Em suas veias mais nobres o sangue tintado pela doença da conquista.

— Ai, filhos da Espanha. Marcados para sempre pelo infortúnio de Felipe, o Belo, que continuou a enlouquecer a rainha Joana, mesmo após a morte. A fatídica partida de pelota que lhe aqueceu o corpo, destemperado pela água fria da fonte, matou-o numa síncope. Joana carregou o seu cadáver, de mosteiro em mosteiro, impedindo o enterro.

QUANDO ME DARÃO JUSTIÇA?

Nestes dias, quem dele se aproxime não o reconhecerá facilmente. Eu mesmo levei algum tempo para encontrá-lo. Sua figura confundida entre os monges de vestes idênticas, hábito de linho sórdido, pés em sandálias trançadas em couro cru, o cordão encardido amarrado à cintura, andando em círculos no pátio do mosteiro principal de Sevilha.

Seu rosto e os cabelos grisalhos ocultos pelo capuz não o distinguia dos religiosos de rostos suarentos, ansiosos, imersos na rotina da salvação da alma, imperturbáveis no ritual das orações, recontando os terços, encerrados em culpas e penitências.

Não é o mesmo. Envelheceu, mirrou, parece mais baixo, encurvado dentro da veste que herdou de alguém mais alto e espadaúdo.

Mal se adivinha a face encovada e de seu queixo desce agora longa barba, tão gris que lembra um seco tufo da erva-de-santo-antônio que pende das árvores do Paraguai. Os olhos, sem brilho, não são os mesmos do aventuroso comandante em jornadas pelo Novo Mundo. Na manhã sem nuvens, Don Álvar Núñez Cabeza de Vaca, projeta a sombra esguia do homem consumido pela irresignação.

Restou apenas uma tênue imagem do Adelantado. No corpo diminuído, despido da altivez de capitão, parece não existir o homem que andou nove mil quilômetros entre o fundo da baía do México e a região dos pântanos, à procura da fonte da eterna juventude e de um caminho para alcançar o México de Hernán Cortéz e retornar à Espanha.

Já não existe quem esqueceu o sofrimento e a angústia de náufrago e depois prisioneiro dos índios, submetido a todas as provações no cativeiro para se lançar em nova aventura, cruzando o oceano, desta vez em direção ao sul, onde se embrenhou na mata, percorrendo o caminho do Peabiru em direção ao Paraguai e ao Império relatado pelos índios carijós.

Quem dele se aproxime ouvirá, com algum esforço, a recitação permanente, quase balbuciada, da relação dos crimes cometidos contra ele e contra Espanha pelos desafetos e principalmente por Domingo de Irala.

— (...) tinham acesso carnal com mãe e filha, irmãs, tias e sobrinhas e outras parentes; e as índias livres, cristãs, eles vendiam, trocavam e cambiavam uns com os outros como se fossem escravas, especialmente Domingo de Irala, quem outorgou cartas de venda ao escrivão, das índias livres que vendeu. Ademais, estavam amancebados cada um com trinta, quarenta ou cinquenta mulheres...

Nada conseguirá aplacar a mágoa que lhe corrói o espírito. As recordações abrem feridas e apunhalam seu ânimo, aprofundando a sensação de impotência. Foi estúpida porque inócua a peregrinação pelos palácios e tribunais, argumentando inutilmente contra algo que fora consumado pela vontade e conveniência da Corte, sem perceber o que ele sabia naquele momento, depois de se libertar da cegueira do súdito. A sentença de Don Álvar Núñez Cabeza de Vaca foi decretada antes mesmo que ele chegasse ao cais.

Não teria fé a sua relação de feitos, não existiriam ouvidos para a sua defesa. Todos, rei, fidalgos, os do Conselho das Índias, os juízes e mesmo as testemunhas dos fatos, até o último besteiro ou marinheiro, estavam compromissados com o poder. Seria necessário trazer de Assunção os que estavam a seu favor, alguns espanhóis e muitos dos índios, que não seriam aceitos para o testemunho.

Foi a última vez que o vi, nesse dia de 1559. Pouco depois morreu em sua cela. Dormiu e não voltou a acordar. Só não posso esquecer esse último encontro com Don Álvar. Ele diminuiu o passo e se voltou. A voz lhe saiu baixa e compassada.

— Só guardo as lembranças que todos conhecem. Seria eu também um artífice da hipocrisia ao procurar convencer quem não deseja ser convencido ou ao mudar meus relatos para tentar sensibilizar os que me condenaram?

Fez-se um longo silêncio. Don Álvar ergueu a mão e pousou-a sobre meu ombro. Olhou-me fixamente e apenas disse:

— Quando me darão justiça?

ONDE COMEÇA O SILÊNCIO

Foi a última vez que o vi. Morreu naquela noite, dormindo. Sem fazer ruído.

Deixei-o ali, onde terminam os limites e os caminhos se apagam. Onde começa o silêncio.